ECUADOR

EL CAMINO DEL SOL
ROUTE OF THE SUN

ECUADOR

Cristóbal Corral

fotografía/photographs © CRISTÓBAL CORRAL VEGA prólogo/prologue ESTEBAN MICHELENA textos/text POCHO ALVAREZ traducción/translation ANDREW HURLEY diseño/design NACHO QUINTANA editor PABLO CORRAL VEGA

Mirando las fotos de Corral, Ecuador acontece en lo más profundo de los sentidos del espectador. Y conmueve. Es que, distintas son las sensaciones que provoca esta antología del fotógrafo cuencano: sorpresa, gracia, nostalgia, cariño, goce.

Pero entre todas estas sensaciones que indistintamente alteran la sensibilidad del espectador, dos son fundamentales y contradictorias. La primera, una alegría y regocijo desbordantes al ver la ternura, la vitalidad, la inocencia, la tenacidad y otros dignos materiales con los que, día a día, el país de nuestra gente se va haciendo, se va tejiendo, inventando y construyendo.

Pero, acto seguido a la plenitud, acude la tristeza. Porque, como van las cosas, no existe certeza de hasta cuando va a sobrevivir ese país festivo, lleno de vida, bañado de colores y bendito de luz que, tan apasionadamente, retrata Cristóbal.

Sí. Alegría. ¡Somos así: tan bellos, distintos, sencillos y vitales!

ESTEBAN MICHELENA

As we look at Corral's photos, we experience Ecuador in the deepest depths of our being. And we are moved. The sensations inspired by these photographs are many: surprise, gratitude, nostalgia, affection, delight.

But of all those sensations that assail the spectator's sensibility, two are fundamental, and contradictory—the first, a boundless joy and delight at seeing such tenderness, vitality, innocence, tenacity, and all those other qualities with which, day after day, the country of the Ecuadorian people is being made, woven, invented, constructed.

But no sooner do we experience that fullness of spirit than we are overcome with sadness. Because the way things are going, no one knows how long this country so passionately portrayed by Cristóbal— this country so festive, so filled with life, so bathed in color, so blessed with light—will survive.

Yes, joy: This is who we are—so beautiful, so different, so simple,

Sorpresa. ¡Pese a sus líderes, nuestro país aun no ha desaparecido! Y la indignación: ¿Cómo podemos ser capaces de destruir nuestro Ecuador?

Mirar es contarse una fábula. O contársela al mundo, decía el poeta argentino Roberto Juarroz. Y mirando estas fotos formidables, Corral cuenta de un país de quien nadie puede dejar de volver a enamorarse. Y, en esa medida, tampoco puede quedar indiferente a repensarlo, en su presente y los días que le esperan.

Entonces, el espectador monta su propio viaje. Uno que va de la culpa: por aquello que cotidianamente dejamos de hacer por el país y, en especial, por todo lo que permitimos que le hagan; al consuelo: por todo lo que aún podemos y debemos hacer por este Ecuador que, desde las fotos de Corral, emociona, reclama, cautiva y alegra.

Pero Corral, afortunadamente, también nos regala oxígeno. Y luego del cuestionamiento, nuevamente sobrevienen la lágrima emocionada, la contemplación, el abrigo, el regocijo, las mascaradas, la cosecha, la celebración, la música, los atardeceres y los carnavales: el re-descubrimiento y la jubilosa pertenencia a un país. Todo, a partir de esos espejos fascinantes que, en "Ecuador, El Camino del Sol", Corral le pasa al país para mostrarnos la gracia de este Ecuador viajado y fotografiado en zigzag y bajo la luz de la mitad del mundo.

Y mientras, poco a poco, un frenesí arriba y agita a nuestro espíritu, el libro transcurre revelándonos cómo esa luz de la mitad juguetea bañando, aclarando, matizando, enamorando o incendiando la cambiante y fascinante textura de nuestra geografía. Esa geografía desconcertante, donde Corral logra, además, capturar y retratar, bajo esa misma luz maravillosa, la forma en que, desde esos entornos, miramos los ecuatorianos. Y cómo, desde lo ritual y cotidiano, el país y su gente se inventan, se reinventan, se sostienen y se aferran a sí mismos; en su historia, en su memoria, en sus tradiciones y presente.

---

so full of life! Surprise: Despite its leaders, our country is still here! And indignation: How could we possibly be capable of destroying our Ecuador?

To look is to tell oneself a story. Or tell the world, as the Argentine poet Roberto Juarroz said. And as we look at these remarkable photographs, Corral tells us a story of a country that no one can fail to fall in love with, all over again. Or remain indifferent to, today and in the days to come.

Thus, we who look at these photographs will embark on our own journey, a journey that will take us from a sense of guilt at all the things we fail to do for the country every day and, especially, all that we allow others to do to it, to a sense of consolation for all that we can and must still do for this Ecuador which, in Corral's photos, moves us, calls out to us, captivates us, cheers us.

But Corral, fortunately, also gives us oxygen. And after the questioning, once again we are struck by the emotional tears, the contemplation, the warmth, the delight, the mascarades, the harvest, the celebrations, the music, the sunsets, and the carnivals—by the rediscovery of a country, and a joyous recognition of our belonging to it. All this, through those fascinating mirrors which, in "Ecuador: Route of the Sun," Corral holds up to the country in order to show us the many graces of this Ecuador, photographed by him as he crisscrossed the country in the equatorial sun.

And meanwhile, little by little, a frenzy comes upon us and shakes our spirit, the book gradually reveals to us how that light plays—bathing the land, clarifying, qualifying, seducing, or setting the changing and fascinating texture of our geography ablaze. That disconcerting geography, in which Corral also manages to capture and portray, under that same wonderful light, the way in which we Ecuadorians look out at our own world. And how, out of the ritual and routine actions of every

Es que Cristóbal dispara su cámara aplastando el obturador con cada uno de los cinco sentidos. Y, como maravillado él mismo, absorto y asombrado asiste a sus fotografías; de la misma manera el espectador comparece ante sus fotos. Y no puede evitar que algo similar le ocurra: las fotos de Cristóbal no solo se ven; sino que se escuchan, se perciben, se aprehenden, se huelen, se sienten, se celebran, se palpan, se sufren.

¿Cómo y para qué fotografíar al país? Corral acepta que se trata de un privilegio y de algo de fortuna: perseguir, cazar, estar en el momento justo y en las condiciones adecuadas. Pero no. Va bastante más allá. Corral trasciende esa premisa del oficio de fotógrafo y logra preservar y perpetuar la fugacidad, lo irrepetible y maravilloso de cada sujeto de su arte.

Como el poeta con la palabra clavada, furiosa y violenta en la mitad de un verso, como el pintor, con esa pincelada que termina y magnifica el cuadro; como el pianista de jazz, que con esa nota inédita transforma su noche perfecta en memorable; Corral agrega, a la celebración del instante, una rica sensación de, al mismo tiempo, estar conmemorándolo.

Y entonces, desde la belleza, desde la potencia y solidez de su arte, Corral nos enfrenta a un país precioso, musical, colorido, ingenuo, en construcción y diverso. Pero también vulnerado, en riesgo permanente, en lucha constante por reconocerse, aceptarse, amarse, respetarse y no desaparecerse a sí mismo. Entonces, la vieja frase: aquella de lo indispensable que resulta la plena vigencia de la ética y la estética. Y, exultantes, las fotos de este libro refrendan la premisa.

Porque retratando y preservando esa belleza panorámica, esa plena vitalidad de las celebraciones, las miradas, los gestos y rostros de la gente; desde su estética, las fotos de Corral nos conducen,

---

day, the country and its people invent themselves, reinvent themselves, sustain themselves, and clutch themselves to one another—in their history, in their memory, in their past and their present.

Cristóbal snaps the shutter with every one of the five senses. He stands before his photographs the same way we do—wonder-struck, absorbed, astounded. And he cannot help that: Cristóbal's photos are not only seen—they are heard, perceived, apprehended, smelled, felt, laughed over, caressed, cried over. Sighed over.

How is one to photograph the country, and to what end? Corral recognizes that it is a privilege, a stroke of fortune, to pursue, hunt down, be in the moment when the time is right and the conditions perfect. But it goes beyond that. Corral transcends that most basic premise about the craft of photography, and manages to preserve and perpetuate the fugacity, the unrepeatableness, the marvelousness of every subject of his photographs, his art.

Like the poet with the word hammered furiously and violently into the middle of the line, like the painter with that brushstroke that completes the artwork and renders it magnificent, like the jazz pianist whose riff never heard before makes a merely perfect night unforgettable, Corral adds to the celebration of the instant a rich sense that he is, at the same time, commemorating it.

And then, out of the beauty, out of the potency and solidity of his art, he presents us with a lovely, musical, colorful, naïve, diverse country that is still "under construction." And one that is also wounded, at permanent risk, in a constant struggle to know itself, accept itself, love itself, respect itself, and not disappear to itself. Then the old saying about how essential to life ethics and aesthetics are. And the photos in this book are exultant proof of that.

Because by taking the portrait of that panoramic beauty, those life-filled celebrations, the looks, gestures, and faces of the people, and

también, hacia un profundo debate ético. ¿Dónde está, dónde sobrevive, donde vibra la reserva moral, el bosque de la alegría, los carnavales de nuestra identidad, los bastiones de nuestro futuro como Nación? Corral los muestra. Y ética y estética alteran, inevitablemente, a quien asiste a estas páginas. Y apenas eso ocurre, la razón de ser del arte hace pleno sentido en este amoroso y deslumbrante libro.

¿Dónde sobreviven los motivos para, apasionadamente necios, seguir amando ese país que nos depara Corral? Dónde sino en las manos de Valerio, mostrando achiote; en la toma de la plaza, durante los sanjuanes de Cotacachi; en los tragos y emociones del carnaval de Guaranda, en un delirante amanecer de Zaruma, vestida de nubes; en un ángel tomando agua, fatigado por el Pase del Niño en Cuenca y en los cangrejos de Ochipinti en Guayaquil.

Y acá este Ecuador. En el Chota, celebrando los goles del Tin Delgado en Alemania 2006. En los ojos enamoradizos y enamoradores de una adolescente en el balneario de La Playita, en el Guasmo porteño; en los milagros marinos de La Chocolatera de Salinas, en el vértigo de colores en que estalla una vaca loca; en la paciencia de Don Celestino Mero, tejiendo los sombreros de Montecristi o cuando, en Baba desayunan los Maldonado, luego de las faenas matutinas del ganado.

¿Dónde el país? Celébrese. Está aquí, en estas páginas. Para siempre. Inolvidable. Irrepetible. Como la certeza demoledora con que, tras la nota inédita y perfecta, un pianista de jazz puede abandonarnos como si fuera para siempre. En pleno disfrute, sujetos del placer de explorar, cuadro a cuadro, este universo sensorial maravilloso.

---

preserving all that, Corral leads us, through his photos, into a profound ethical debate. Where are the natural moral reserve, the forest of joy, the carnivals of our identity, the bastions of our future as a nation? Where do those things survive? Where do they echo, vibrate, ring out? Corral shows us. Ethics and aesthetics inevitably make their mark upon those who open this loving, dazzling book. And the moment that happens, art's *raison d'être* becomes clear.

Where will we find reasons to fall crazily in love with this country that Corral shows us? Where but in the hands of Valerio, holding out the achiote seeds; in the "assault" on the town square of Cotacachi during the Feast of San Juan; in the overflowing drinks and emotions of the Carnival in Guaranda; in an ecstatic sunrise in Zaruma, clothed in clouds; in a weary angel having a drink of water during the Passage of the Christ-Child in Cuenca; and in the crabs in Ochipinti, in Guayaquil.

Where else? In Chota, applauding the goals made by Tin Delgado in Germany at the 2006 World Cup. In the seductive, seducing eyes of a teenage girl on the beach at La Playita, in Guasmo. In the marine miracles of Salinas' La Chocolatera. In the vertigo of colors that a "crazy cow" erupts into. In the patience of don Celestino Mero, weaving Montecristo hats. And when the Maldonados eat their breakfast, in Baba, after the morning chores of seeing to the livestock.

Where is the country? Be glad—it is here, in these pages. Forever. Unforgettable. Unrepeatable. Like the devastating certainty that, after the never-before-heard and perfect riff, a jazz pianist may leave us, as though forever, in the middle of that moment of joy and delight. Here we find it, as we are caught up in the pleasure of exploring, picture by picture, this marvelous sensory universe.

Con la fotografía, tener el poder de congelar el tiempo, de impedirle que siga su implacable transcurrir, es un recurso, hasta cierto punto, mágico. Así mismo, es maravilloso poder relacionarse con la gente, regresar al cabo de muchos años a un sitio con las fotos de los niños que ahora son adultos o de los abuelitos que ya no están.

Recuerdo vívidamente cuando, de muy chiquito, acompañaba a mi padre a la Botica Central del doctor Sojos, en Cuenca, a comprar unos polvos y unos líquidos que eran medidos y pesados meticulosamente. Había miles de frascos, botellas y damajuanas ordenadas delicadamente en unas estanterías muy altas, de madera cálida. Cada uno tenía un nombre grabado o una etiqueta con signos que no comprendía. Sobre las mesas estaban dispuestas, en un desorden armónico, balanzas, espátulas, vasos de cristal de rayitas y números, morteros y reverberos de llama azulada. El olor acre, característico de botica, era muy penetrante.

CRISTÓBAL CORRAL

It's almost magical how photography gives one the power to stop time, to prevent it from following its implacable course. And it's wonderful to be able to share experiences with people, come to know them, return to a place after many years with photographs of children who are now adults, or of grandparents who are no longer with us. But it's also very sad to return to a place that was once so beautiful and find that it has been wiped out by the forces of irrationality, without a thought.

I vividly remember when, as just a little boy, I was taken by my father to Dr. Sojos' *botica*, the sort of "apothecary shop" that no longer exists, in Cuenca, to buy some powders and liquids, which the pharmacist weighed and measured with painstaking care. There were thousands of bottles and apothecary jars, all delicately lined up on very high, rich dark wood shelves. Each one had a name on it—engraved in the glass or painted on the ceramic jar, with symbols I didn't understand.

Parecía que el espíritu mágico de Melquíades, dotado de una sabiduría infinita, estaba presente en aquel escenario.

En un recoveco del cuarto de estudio de mi papá, estaba el laboratorio de fotografía. Entrar ahí era un acontecimiento mágico. Los químicos para revelar y su característico olor refrescaban en mi cabeza la botica y su ambiente. Era como apropiarse de una magia oscura que transmitía el poder de revivir los momentos pasados en las reuniones de familia, o en los paseos a pescar en parajes helados, o en los retratos de amigos, paisanos o parientes. Los negativos de 6x9 centímetros, tomados con la cámara Voigtlander de fuelle negro y estuche forrado de terciopelo azul, eran manipulados con mucho cuidado y luego archivados en sobrecitos de papel cebolla. Las primeras nociones del diafragma, del tiempo de exposición del papel, del uso del metol, del sulfito de sodio, de la hidroquinona, datan de esas épocas.

El señor Arce, profesor de sexto grado de la escuela Borja de Cuenca, la "ticher" de inglés, los compañeros del paseo a Quito y su recorrido por el desierto de Palmira en Chimborazo, la plaza central de Santo Domingo de los Colorados y las cascadas espumosas al borde del camino, son las primeras fotos conservadas. Están junto a ellas las del Cuenca Club Halcones y las de la familia en las vacaciones de Bahía. Están también las primeras aficiones amorosas, tomadas con un respeto de kilómetros de distancia y una cámara cuadrada Kodak, negativo de 4 x 4 centímetros y flash de bombillo que servía para un solo "guiño" o disparo.

En las épocas universitarias, ya en Quito, comenzaron los recorridos por la Sierra y la propia ciudad. Ir descubriendo la realidad en cualquier viaje me motivó a documentar fotográficamente la vida de la gente en los pueblos y en el campo. Dedicábamos noches y días enteros al descubrimiento y experimentación en el laboratorio blanco y negro. Mi hermano Pablo, menor con muchos años, empezó a curiosear, a preguntar y ver

All across the counters sprawled an orderly disorder of pharmacist's scales, spatulas, laboratory glassware with its numbers and horizontal lines, mortars and pestles, and alcohol burners that burned with a bright blue flame. The acrid smell that all *boticas* had was particularly strong here. It seemed that the magical spirit of a Melchiades, with his infinite wisdom, was present in this place.

In one corner of my father's office at home was a photography laboratory. Entering it was magical. The chemicals for developing the prints, their characteristic odors, awoke in my memory the apothecary shop and its smells; it was like some dark magic that had the power to reawaken past moments at family gatherings, or fishing expeditions to icy lakes, or the faces of friends, families, campesinos. The 6x9-centimeter negatives, taken with my father's Voigtlander camera with its black bellows and blue-velvet-lined case, would be handled with great care, then filed away in little onionskin envelopes. My first notions of diaphragms, exposure times, the use of Metol, sodium sulfite, and hydroquinine date back to that time.

The first photos that I still have are of Señor Arce, my sixth grade English teacher in Cuenca, my companions on a trip to Quito, our tour through the Palmira Desert in Chimborazo province, the square in Santo Domingo de los Colorados, and the frothy waterfalls along the road. Alongside them are some later ones of the Cuenca Falcons Club and my family on vacation in Bahía. There are also photos of my first crushes, taken timidly from miles away with a Kodak Brownie, which used 4-cm. square film and a flash bulb good for just one flash.

In Quito, during my college days, came trips through the Andes and the city itself. Discovering that the reality of each place would be gradually revealed to me motivated me to document the life of people in villages and the countryside. We would spend whole days and nights exploring not just the country but photography itself, experimenting in

los procesos interminables del cuarto oscuro. La crónica de las aventuras con amigos y amigas por distintos parajes me obligó a llevar permanentemente la cámara. Los estudios de derecho dejaban de atraerme y el trabajo como reportero para una que otra revista me acercaba más al encanto de la foto fija. La reproducción de más de tres mil fotografías antiguas del Ecuador, rescatadas del olvido, me ayudó a confirmar mi tendencia hacia el documentalismo.

Trabajar como "asistente general" en las filmaciones que hacía mi primo Pepe, me indujo al cine. Con un par de amigos formamos un grupo de producción e hicimos varias películas documentales y argumentales en 16 milímetros y video tape. La historia, la pesca, los niños, la agricultura, fueron algunos temas. Trabajé varios años como camarógrafo y, lamentablemente, en ese tiempo hice muy pocas fotos.

Múltiples dificultades surgieron en relación al cine y me obligaron a retomar la fotografía fija. Empecé con publicaciones sobre ecología,

turismo, toros, arte, industrias, niños, aviación, publicidad... en fin, los más variados temas. Tuve la oportunidad de hacer la foto fija de algunos largometrajes extranjeros rodados en Ecuador y, al mismo tiempo, documentar los eventos familiares y de amigos.

He recorrido la geografía y su tiempo, y es lamentable e indignante comprobar que la democracia y sus bondades, a pesar de todos sus discursos, es una gran mentira. El abandono, el desamparo, la soledad, la inequidad y la injusticia están presentes y se reproducen por dondequiera que uno vaya. Esta latitud arrasada por un poder ajeno es un laboratorio de la historia. Allí, la fuerza de la cultura, ese modo de ser que se sostiene y arraiga a la tierra, es lo que ha impedido desde hace mucho tiempo que este país se desintegre.

Aspiro a poder transmitirles, en este caminar de rostros y paisajes, al menos un poquito de la magia que viví cuando era niño.

the black-and-white laboratory. My brother Pablo, many years younger than I, began to poke his nose in, too, asking questions and watching the interminable darkroom procedures. Chronicling my adventures with friends in so many places meant I always had to have a camera with me. Law school no longer interested me, and a job as a reporter for this and that magazine brought me closer to the delights of photography. Reproducing over three thousand old photographs of Ecuador, saved from oblivion, helped confirm my vocation for the documentary side.

Working as an "executive assistant" on motion pictures made by my cousin Pepe drew me toward film. A couple of friends and I organized a production company, and we made several 16-millimeter and videotape documentaries and feature films. History, fishing, children, agriculture were some of our subjects. I worked for several years as a cinematographer, and sadly, during that time I made very few photos.

Difficulties related to the film industry forced me back into still

photography. I began with magazines specializing in ecology, tourism, bullfights, art, industry, children, aviation, and advertising—everything you can imagine. I had the opportunity to do the still photos for several foreign feature films that were shot in Ecuador and, at the same time, document my family's and friends' special events.

I have explored Ecuador and been witness to its events, and it is sad—infuriating—to see that democracy and its self-satisfactions, despite all its fine words, is a lie. Neglect, helplessness, solitude, inequity, and injustice are present wherever you go. Ecuador, ravaged by a foreign power, is a laboratory of history; here, the force of culture, that mode of living that is rooted in the earth and lasts through time, is all that has kept this country from disintegrating.

I hope that at least a little of the magic I experienced when I was a boy may be felt by you as you journey through these landscapes and faces.

Después de dos semanas de cacería en la selva, el tucán ha iluminado el camino de regreso a casa de José Luis Gualinga. Pájaro y hombre fueron con el mandato de recoger carne para la fiesta. Con la mucahua de chicha levantada, agradecen a la Madre Tierra, Pakchamama, por los chorongos y la yuca que dan inicio al festejo en Sarayacu.

For two weeks, the toucan has illuminated José Luis Gualinga's path through the jungle during the hunt, and now bird and man return with the prey. The hunter was sent out by his people with the mandate to find meat for the festival, and now, bird and man joined as though in a single body, the ceremonial drinking-bowl is lifted and the *chicha* is drunk in thanks to Mother Earth, Pakcha Mama, for the chorongo monkeys and cassava that will be eaten at the festivities in Sarayacu.

Como una inmensa boa, las profundas aguas del Aguarico serpentean por el manto vegetal que rodea a Lago Agrio. Su eterno movimiento y el grave sonido de su caudal nos recuerdan siempre su destino, el río madre, el gran Amazonas.

Like a huge serpent, the deep waters of the Aguarico River wind through the lush forests that surround Lake Agrio. Its eternal flow and the grave sound of its waters remind us always of its destination, the mother-river, the great Amazon.

Invocando las tradiciones de sus ancestros cofanes, Valerio Mendua y Etelvina Quenama, esposa y conductora de la canoa, buscan en el Aguarico el diálogo de la red con el agua, para traer a casa el alimento que sostiene la vida.

Harking back to the traditions of their Cofán ancestors, Valerio Mendua and Etelvina Quenama, Valerio's wife, guiding the canoe, seek on the Aguarico River that dialogue between net and water that will provide life-sustaining food for their home.

Una muralla vegetal, guardiana de los secretos de la megadiversidad, encauza el brioso y sonoro paso del Tutanangoza, el río de la cordillera de Allkukiro, en el suroriente del Ecuador.

En el entramado de hojas y ramas, el mono capuchino, parecería ser la sombra de un tiempo lejano que reclama su permanencia. La sistemática tala de árboles y la insistente colonización rompen el delicado equilibrio de este santuario.

A green wall of vegetation, guarding the secrets of megadiversity, channels the exuberant flow of the Tutanangoza River as it descends from the Allkukiro mountain range in southeastern Ecuador.

Among the densely- twining leaves and branches, the capuchin monkey, in contrast to its green monastery, is like the shadow of a distant calendar frozen in time. Systematic felling of trees and permanent colonization have destroyed this sanctuary's delicate balance.

Dialogando con sus huéspedes íntimos, el guacamayo bandera busca limpiar los colores de su piel; así, el arco iris recreará en el cielo el brillante esplendor de sus plumas. En el imaginario de los Cofanes, Siona Secoyas, Waoranis, Ashuaras, Shuaras, Kichwas, Záparas y todas las culturas de la selva, las aves son un espíritu que da fuerza, sabiduría y belleza.

Seeking out its tiny, invisible guests, this scarlet macaw appears to be trying to burnish the colors of its already brilliant feathers—the rainbow in the sky is but a pale reflection of the gleaming splendor of its plumage. In the myths and legends of the Cofán, Siona Secoya, Huaorani, Achuar, Shuara, Kichwa, and Zápara peoples, and all the other cultures of the jungle, birds are spirits that provide the world strength, wisdom, and beauty.

Las semillas de achiote encierran en sus diminutas estructuras la génesis del rojo vegetal. Recibir la sangre de la tierra es asumir en la piel el color que protege. Así se previene la muerte y se preserva la vida. En la comunidad Cofán Dureno, en Sucumbíos, Siana Lucitante recibe de su abuelo Valerio esa prédica de sus mayores, una oración de silencio y color.

The small seeds of the achiote, or annatto, yield a deep red dye. When skin is touched by the blood of the earth, it takes on its protecting color, and thus may death be warded off and life preserved. In the Cofán Dureno community in Sucumbíos province, Valerio passes down that ancestral belief to his granddaughter Siana Lucitante—a silent prayer of color.

En una práctica que viene desde el tiempo antiguo, Elvira Criollo y Marina Mendua, buscan en la hoja de palma los hilos que permiten tejer. Así les enseñaron sus abuelos, así ellas lo hacen: es la memoria viva de la cultura Cofán.

La historia de Alexander Von Humboldt es recreada por el director alemán Stefan Koester en la serie Gigantes de la Zweites Deutsches Fernsehen. Un largo y extraño ojo negro convertirá al presente en un pasado remoto.

In a practice that has been handed down from antiquity, Elvira Criollo and Marina Mendua, tease from palm leaves the thread with which they weave. They were taught this craft by their grandparents, and they carry on the tradition—it is the living memory of the Cofán culture.

The story of Alexander von Humboldt is recreated by director Stefan Koester for the series Giants, produced by the Zweites Deutsches Fernsehen, the German national public television service. A long, strange black eye will transform the present into a distant past.

En la Amazonía ecuatorial, finalizando la metamorfosis, este renacuajo de cristal otea atentamente el horizonte que le espera. Muy pronto abandonará su cuna líquida y se adentrará en la aventura de la vida.

Mimetizado como ser vegetal, el mántido, implacable cazador, asume en su piel el color y la textura, la forma y el comportamiento de su entorno. Busca entre las hojas y los tallos el sustento de su existencia.

In the Ecuadorian Amazon, this glasslike tadpole, the end of its metamorphosis approaching, scans the horizon that awaits it. It will soon leave its liquid cradle and set off on its adult adventures.

Disguised as plant life, this mantis, an implacable hunter, takes on the color and texture, shape and behavior of its surroundings as it seeks its food among the leaves and twigs.

En Sevilla de Don Bosco, cerca de Macas, al suroriente del Ecuador, Ramón Tzanaren toma fuerzas para seguir con el trabajo de la huerta. Finquero y también jornalero, sabe desde muy niño el secreto que guarda la chicha de yuca mascada. Detrás del líquido blanco, macerado por la saliva de la mujer, está la fuerza de la tierra y de Etza (el Dios que creó a los Shuaras). "Juntado" a su mujer, comparte su techo, la huerta y los once hijos que la vida, en distintos momentos, les ha ido entregando.

In Sevilla de Don Bosco, near Macas, in southeastern Ecuador, Ramón Tzanaren takes a break before continuing with his work in the vegetable garden. Ramón, who owns his own small plot but also works as a day laborer for others, has known the secret of the *chicha* since he was a child. Behind the white liquid from the cassava root, steeped in a woman's saliva, lies the strength of the Earth and of Etza (the god who created the Shuar people). With his common-law wife he shares his roof, the garden, and the eleven children to whom they have given life.

Erguidos contra el horizonte de agua, estos troncos huecos son el refugio natural y el alimento de las aves del sector. Así contribuyen con el eterno ciclo de la vida en ese universo del bosque inundado del Cuyabeno, al nororiente del Ecuador.

Rising tall against the watery horizon, these tree trunks form a natural refuge for the birds of the region. Hollowed out by the birds, they are both food and shelter, thus aiding in the eternal cycle of life in this universe, the forest flooded by the Cuyabeno River in northeastern Ecuador.

Amazanga, el poderoso espíritu dueño y protector de los animales de la selva, concedió el permiso a los cazadores que han traído muchas presas para la fiesta en Sarayacu.

Tambor y mucahua se entregan al festejo. La chicha se desborda en el espíritu de la gente y la alegría reina en cada casa y en cada encuentro. Después, solo se podrá cazar lo indispensable para vivir.

Amazanga, the powerful spirit that is lord and protector of the jungle's animals, gave permission for the hunt, and the hunters have brought back much prey for the festival in Sarayacu.

Drums and the ceremonial drinking-bowls known as *mucahuas* are brought out for the festivities— *chicha* enlivens people's spirits and happiness reigns in every home, in every encounter with the liquor and the music. After the festival, men are allowed to hunt only that which is essential for themselves and their families.

Pavas, gavilanes, oropéndolas: los elegantes y seguros pasos de las mujeres de Sarayacu reproducen en la danza los movimientos de las aves sobre el cielo. Dicen las historias sagradas que los antiguos shamanes hicieron descender una montaña de maíz por el cauce del agua; desde entonces, el lugar se llama Sarayacu, río de maíz.

Hoy, Don Sabino Gualinga, el shamán de la comunidad, busca luz en las viejas tradiciones y en el sincretismo de la religión para que no falte pan ni sabiduría a su pueblo.

Hawks, golden orioles, the indigenous bird known as the beareded guan *(Penelope barbata)*, which resembles the wild turkey—the elegant, assured movements of the women of Sarayacu reproduce in dance the movements of birds on the ground and in the sky. The sacred histories of the people say that the ancient shamans brought a mountain of corn down on the waters of a great river. Since then, this place has been called Sarayacu, "river of corn."

Today, don Sabino Gualinga, the community's shaman, seeks enlightenment in the old myths and legends and in the syncretism of religion so that his village may lack neither bread nor wisdom.

Son y calor animan a los jóvenes de Lago Agrio. La música de las discotecas junta la sensualidad del cuerpo y la del ambiente. Cada domingo una comunión de alegría se produce en la tierra del petróleo.

No muy lejos, otra sincronía de esfuerzos se produce. Juan Carlos Espín y Clemente Conforme cumplen con el ritual de mantenimiento en el pozo de petróleo Atacapi Iza.

Sound and heat animate the young people of Lake Agrio. The discotheque brings music and the sensuality of bodies together, and each Sunday a communion of happiness takes place in the land of oil.

Not far away, another joining of forces takes place: Juan Carlos Espín and Clemente Conforme combine their rhythms to perform the ritual of maintenance at the Atacapi Iza oil well.

Una lengua de agua blanca sacude la tierra. La cascada de San Rafael cae como un grito largo. Ciento sesenta metros de voces y murmullos anuncian el indeclinable paso del río por la cordillera. Nacido en los glaciares y deshielos del Antisana, al llegar al límite de las provincias de Napo y Sucumbíos, a 900 metros sobre el nivel del mar, el río es una suma de aguas de páramos, de cerros y de valles que saltan montaña abajo para mudar de nombre y de entorno. De Quijos a Coca las aguas van creciendo, aglutinando otras hidro-geografías. Así se construye la gran reserva de biósfera del planeta, la cuenca del Amazonas.

A tongue of white water makes the earth tremble. San Rafael Falls descends like a long cry of pain, or a peal of thunder. Five hundred twenty-five feet of shouts and whispers announce the inexorable passage of the river through the *cordillera*. Born in the glaciers and spring thaws at the peak of the dormant volcano Mount Antisana, 19,000 feet above sea level, the Coca River descends in a rush of water to 3,000 feet, in the provinces of Napo and Sucumbíos—water flowing into it from plains, mountain-tops, and valleys as it passes, leaping down precipices, changing names and surroundings. From Quijos to Coca, as though leaping through the ages, the waters swell, until they eventually create one of the planet's great life-spaces, the great biosphere reserve of the Amazon basin.

La erupción del Tungurahua es vista pacientemente por el Kapak Urku (Altar) y el distante Sangay. Las leyendas de la cordillera cuentan que la mama Tungurahua, molesta con su esposo el *tayta* (padre) Chimborazo, es humor de fuego, ceniza y piedra. En la última erupción de agosto del 2006, la fuerza de su poderoso aliento afectó la vida de la zona central de la Sierra y de la Costa del Ecuador.

The eruption of Mount Tungurahua is patiently watched by its neighbors Kapak Urku (the Altar) and distant Sangay. Legends of the cordillera tell that when mother Tungurahua becomes angry with her husband, *tayta* (father) Chimborazo, her humor turns to fire, smoke, ashes, and rock. In the most recent eruption, in August of 2006, the force of the mountain's fiery breath was felt throughout the central region of the Ecuadorian mountains and along the coastline.

Para mirar el norte y el sur en el mismo instante, los Ilinizas se hicieron gemelos. El Sur con su rostro blanco, desde los 5266 metros observa el valle de Latacunga; y el Norte, desde los 5016 metros vigila el crecimiento de la ciudad de Quito.

So that they might look north and south at the same time, the Illinizas were born as twins—the south peak with its white face, at over 17,000 feet, watches over the valley of Latacunga, while the north peak, at about 16,500 feet, observes the growth of the city of Quito.

En el Antisana, la vegetación de altura crece en colonias. Plantas y pajonal se juntan para brindar abrigo. Don Cristóbal, caminante de los páramos, encuentra en ese regazo verde el espacio para el descanso.

En ese mismo universo de frío y viento, la sobrepoblación de ovejas en un solo lugar desalojó el color vegetal de la ladera. Un negro oscuro se ha ido posesionando y ahora se anuncia la erosión.

On the volcanic slopes of Antisana, high-elevation plants grow in colonies. Plants and scrubland conspire to provide shelter. Don Cristóbal, who rides the plains, finds in this green bed a place to rest from the road.

In this same cold and windy universe, overpopulation by humans and sheep has displaced the green of vegetation from the slopes, and a dark blackness has gradually spread across the hills. Erosion has begun.

Puerta limpia o Limpiopungo. El páramo occidental del volcán guarda en piedras y rocas la memoria de sus erupciones.

El Cotopaxi, el volcán más alto del planeta, se eleva sobre las nubes, en busca del firmamento. El sol y la luna han sido testigos de la enorme fuerza explosiva que guarda la tierra en sus entrañas.

Limpiopungo, or "clean door." The volcano's western upland plain is a record written in rocks and boulders of the mountain's eruptions, of time itself.

Above the clouds, reaching toward the sky, rises the crater of Cotopaxi, the tallest volcano on the planet. The sun and moon have been constant witnesses to the vast, explosive forces contained in the bowels of the earth.

¡*Churi churi, churi caraju!* (Hijo, hijo, hijo carajo), es el grito que acompaña y anima a las comunidades indígenas de Cotacachi durante la toma de la plaza de la Iglesia Mayor. Son los sanjuanes o Inti Raimi. Es el tiempo de la fiesta del sol, el inicio de un nuevo calendario agrícola para los pueblos indígenas de montaña.

To cries of *Churi, churi, churi caraju!* revelers from the indigenous communities of Cotacachi storm the cathedral plaza during the Feast of San Juan. This cry of strength and rage denotes the commencement of a counter-Catholic festival, the Inti Raymi, the Festival of the Sun, in celebration of the winter solstice and the beginning of the Inca new year, in mid-June. It is a moment that also signals the beginning of a new agricultural year for the indigenous peoples of the *cordillera*.

Para asustar y demostrar poder, el Curiquingue *(Phalcoboenus carunculatus)*, ave sagrada de los Incas, cazadora y carroñera, es exhibida como mascota en las diabladas de Píllaro.

Durante el Inti Raimi, el aliento de la quena y de la flauta recorre las comunas de Cotacachi. Es un viento que llama a jóvenes y viejos a bailar y a gozar la fiesta de San Juan.

To frighten and demonstrate power, the *curiquingue*, or southern caracara falcon *(Phalcoboenus carunculatus)*, a bird sacred to the Incas, is carried as the living symbol of the *diabladas*, or Festival of "Deviltry," or misrule, in the village of Pillaro, in early January.

During the Inti Raymi, the sound of the *quena* and the flute is heard throughout the communities of Cotacachi. It is a sound which calls old and young alike to dance and enjoy the Festival of San Juan.

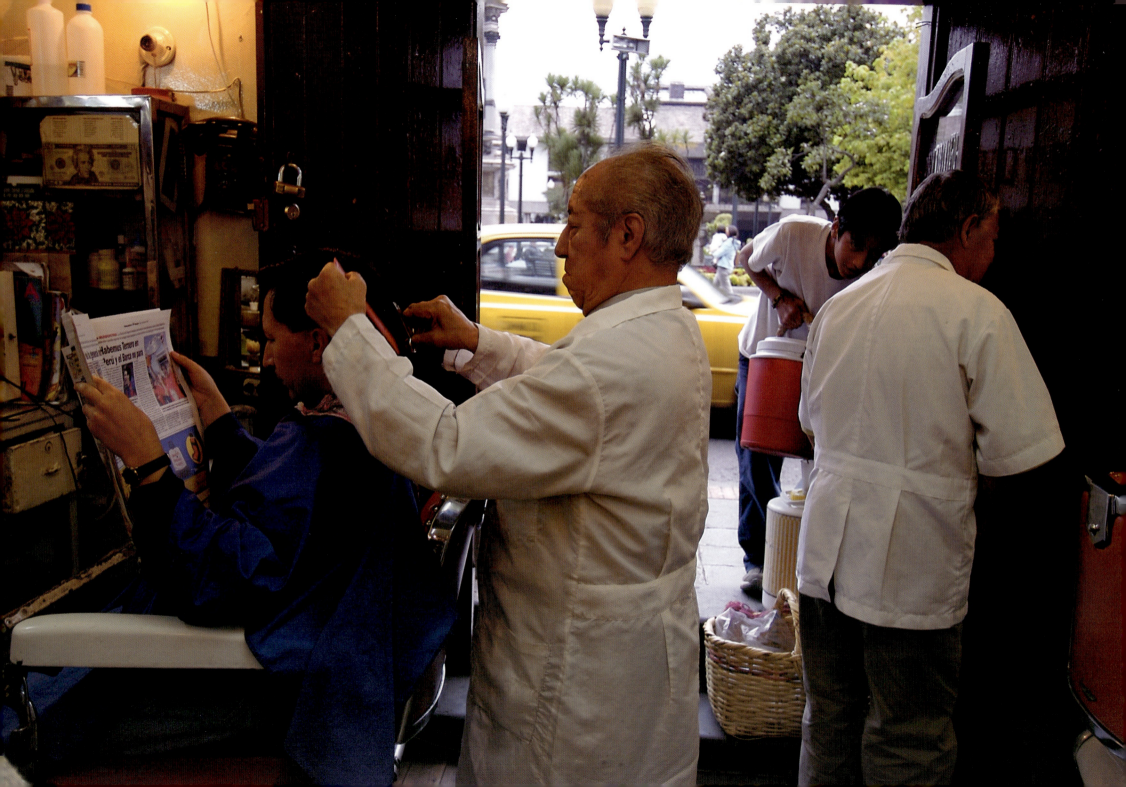

En la Plaza Grande de Quito, la peluquería Amazonas, cavada en la fachada del Palacio de Gobierno, se abre en silencio a la historia. La capital ha evolucionado; la política nacional y sus personajes han involucionado.

Humedecido el cuerpo, los secretos del alma se desbordan. El carnaval de Guaranda es también un tiempo íntimo, un tiempo de abrigo para los corazones desolados.

In Quito's Plaza Grande, the Amazonas barber shop, carved out of the façade of the Government Palace, opens in silence to history. Here one senses the passage of time, the evolution of the city, and the involution of national politics and political figures.

When the soul's thirst is quenched, the secrets of life overflow. The Carnival at Guaranda is also a private time, a time of comfort for despairing hearts.

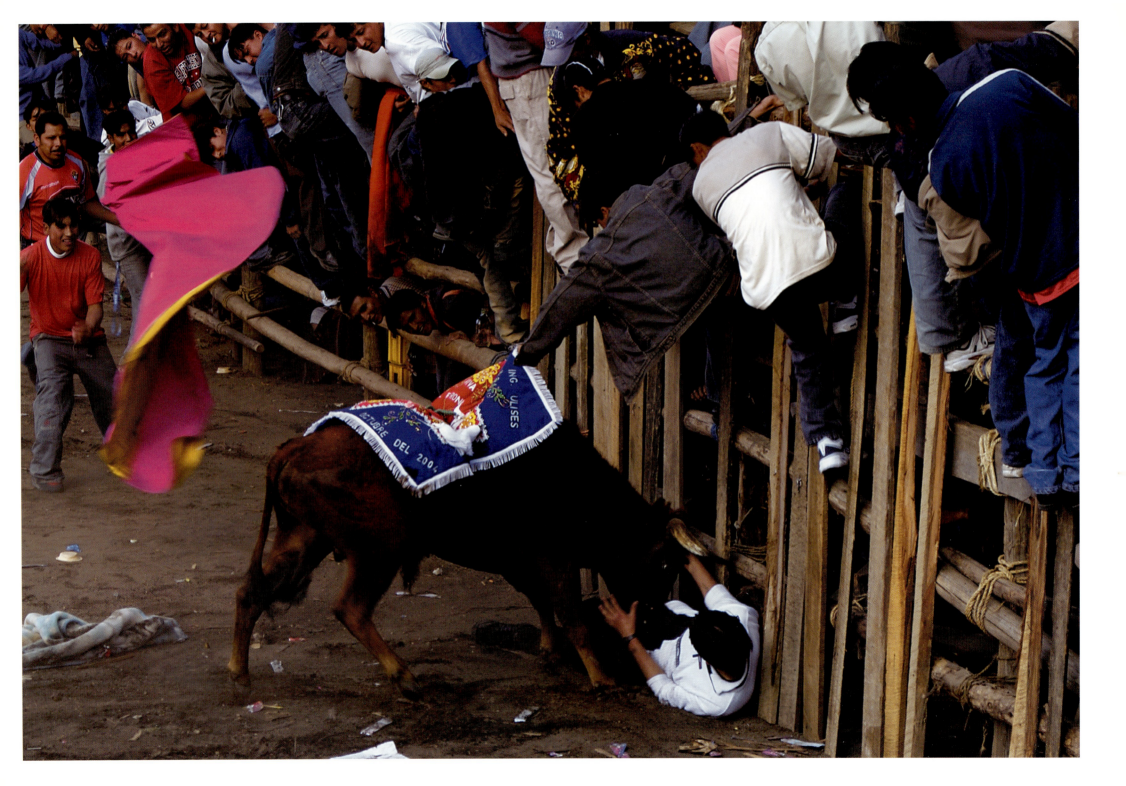

Junto a las tablas, un movimiento de astas y brazos, habla de un mundo extraño en el que los tiempos convergen. En un solo instante, la gloria o el silencio. El peligro tienta y el riesgo se hace piel. Arrancar la colcha que adorna al animal es el trofeo de la feria. Cada toro y su tela son el camino hacia la fama. Son los toros de pueblo en Calpi, Chimborazo, una tradición cultivada en las comunidades de la serranía.

Along the fences, a waving of capes, swords, and arms combine to speak a strange word in which times converge. In an instant, glory—or silence. Danger is tempting, and the risk can be felt in flesh and blood. Snatching off the bull's blanket yields a coveted trophy from the fair. Each bull, each blanket, represents the path to fame. These are the bulls of Calpi, Chimborazo—and the blanket-yanking is a tradition cultivated in the towns and villages of the *cordillera*.

Las fiestas del Septenario de Cuenca se inician con el fuego del hombre-cornamenta que embiste a las tinieblas. Cada noche, durante siete días, las vacas locas asustarán a la gente y tentarán el ruedo imaginario de la oscuridad.

La torre de la catedral mira en penumbra la plegaria de luz que vuela hacia el firmamento; con ella, deseos, oraciones y agradecimientos se elevan más allá de las estrellas. Es un ritual de fe que enciende una flama destinada a Dios.

Fireworks erupt from the man's horns, a "crazycow" headdress, goring the night, and Cuenca's Fiestas del Septenario, held each June following the movable Feast of Corpus Christi, begins. Each night for seven nights, "crazy cows" charge at people's consciences and prance around the imaginary bullring of the night. From the shadows, the cathedral tower watches over the prayer of fire sent up into the heavens; with the flaming prayer-missive go believers' wishes, prayers, and thanks—a ritual of the faith that lights a flame that rises to God.

Al comenzar el año, al grito de *achalay* (¡qué lindo!) la travesura y el vacile salen a las calles y la ciudad se transforma en un espacio de diablos. Durante seis días, todas las tardes, las diabladas de Píllaro convocan el humor de lo prohibido como norma o conducta de todos. La tradición cuenta que antiguamente, en año nuevo, gamonales y curas daban permiso a los indios para hacer sus fiestas, y éstos se disfrazaban de diablos en repudio a las prédicas sacerdotales.

As the year begins in Píllaro, in the province of Tungurahua, the cry of *Achalay*! rings out—*How beautiful!*— and out of the houses and into the streets pour mischief-makers. For six days, the city is transformed into the playground of brightly-garbed "devils," and each evening, the *diabladas*—a playful riot of "deviltry" and misrule—turn propriety on its head, as the forbidden is given its due. Legends have it that long ago, tribal leaders and priests would give the indigenous peoples permission on New Year's Day to have their traditional *fiestas*, and that the people of the tribes would dress as devils, in repudiation of the Church's teachings.

Repitiendo el mandato del Corpus Cristi, una tradición impuesta, los danzantes salasacas celebran y bailan la fiesta de la eucaristía. Camino a Pelileo, el agudo pingullo anuncia el paso de los danzantes. Es la renovación de la antigua caravana del sol.

Cerca del Chimborazo, en Totorillas, en el páramo alto, el runa (ser humano) y su máscara simbolizan la fiesta. El payaso se burla de los *mishos* (blancos) y sus dioses, el mono llama a la selva y el *huarmi* (mujer) concentra la fuerza de la tierra. Son los imaginarios que animan y velan el ritmo del festejo.

Beating out the rhythms of the commandments of the Corpus Christi, an imposed tradition, dancers from the town of Salasaca celebrate the Feast of the Eucharist. The piercing sound of the bamboo flute known as the *pingullo* announces the ancient procession of the Caravan of the Sun, which renews itself each year as it makes its way across the mountains to Pelileo.

In Totorillas, near Chimborazo, on the altiplano, the *runa* (human being) and his mask symbolize *fiesta*. The clown ironizes the universe of the *mishos* (whites) and their gods, the monkey calls out to the jungle, and the *huarmi* (woman) concentrates the earth's strength.

Al romper el día, el páramo del Cayambe se ilumina y el macizo del Mojanda se levanta en el horizonte. A sus pies, la niebla cobija el sueño de los valles bajos.

At daybreak, the skin of the Cayambe plain is illuminated and the enormous mass of Mount Mojanda rises on the horizon. At its feet, the white mists of the earth shelter the lower valleys, which have not yet risen from their sleep.

En tiempo de cosechas, en la Hacienda Río Blanco, Chimborazo, el azadón de los jornaleros va peinando la ladera. En los surcos, al desenredar la tierra, aparece la herencia que el hombre de los Andes entregó al mundo, la papa, el alimento de los indios.

At harvest time, on Hacienda Río Blanco, Chimborazo, the workers' hoes begin to comb the slope. In the furrows, as the earth is crumbled away from the roots, appears the gift the people of the Andes gave the world—the "food of the gods," the potato.

En la misma cordillera, algunos cielos al sur, la tía María prueba la sazón de la comida preparada por su hija Marta. La pequeña Michel intuye el sabor, mientras Don Luis, lejano a esa conversación de paladares, deja que sus manos tejan. Así aprendió y así creció. Tejer sombreros de paja toquilla es un conocimiento íntimo que ayuda a sobrellevar la vida en Puzhio, Gualaceo.

In the same mountain range, but on another mountainside, several skies to the south, Tía María gives a final taste to the food she has prepared for her daughter Marta. Her cousin, little Michel, tastes the delicious stew with her nose, while don Luis, far from this dialog of palates, weaves a Panama hat. It is what he learned, what he grew up doing. Weaving straw hats is a knowledge that allows one to get by in Puzhio, Gualaceo.

En caliente, cerca de Tumbabiro en Imbabura, al norte del Ecuador, una textura espesa salida de la candela se va colando lentamente por la adobera. Después, con el tiempo, cuando todo esté frío, se volverá panela.

Al sur, en la frontera con el Perú, en el valle de Macará, la cosecha del arroz llama a muchos jornaleros peruanos. Una mejor paga convence y compensa su condición de trabajadores ilegales.

Near Tumbabiro, in the province of Imbabura, in northern Ecuador, a hot thick paste, just pulled from the fire, is slowly poured into the mold. When it cools, it will be a rich sweet sugar loaf.

Farther south, on the Peruvian border, in the Macará valley, the rice harvest attracts many Peruvian laborers. Better wages convince them—and make up for their status as illegals.

De cara al río Chota, mientras ríen y enjuagan, madres y vecinas de El Juncal comparten los secretos de su tertulia y de su ropa. Así ha sido desde siempre, desde las abuelas a las nietas. Cada piedra es el banco de su memoria.

Along the Chota River, the women of the village of El Juncal laugh as they wash their clothes and trade their secrets. It has been this way forever, down through grandmothers and *their* grandmothers. Each washing-stone is an altar to memory.

La casa de todos, la plaza de Huertas, en El Oro, es el lugar que acoge la cosecha de café. Mientras Adriel aprende de su tío Graciano Ortega Fajardo los encantos que encierra la pepa vegetal, Karelis, su hermana, sacude el grano para que el sol lo pueda secar.

En Sinincay, cerca de Cuenca, en una alquimia de tierra y sudor, las mujeres, hermanadas por el trabajo, hacen del barro que servirá para la teja y el ladrillo, el sustento de sus vidas. Así compensan ausencias y multiplican esperanzas.

The central hearth of the village around which everyone gathers, the town square in Huertas, in El Oro province, becomes a drying-ground for coffee. While Adriel learns of the pleasures of the fragrant bean from his uncle, Graciano Ortega Fajardo, his sister Karelis rakes the beans out so the sun can dry them.

In Sinincay, near Cuenca, in an alchemy of earth and sweat, women—joining together as family, as sisters—dig out the clay to be used for roof tiles and bricks, their livelihood. Thus they make up for things lacking in their lives, and thus they multiply their hope.

Limitando con el cielo, en el mismo borde de la tierra, amanece Zaruma, Patrimonio Nacional del Ecuador. Su nombre recuerda su antiguo origen, zara (maíz) uma (cabeza), cabeza de maíz. Fechas y años se cruzan en calles que siguen el declive de la cordillera. Allí, el recuerdo del oro, la fiebre mineral, se cuelga en los rincones.

Con sus ojos-ventanas, fijos en el camino, la iglesia de Saransol observa atentamente los pasos del caminante. Su mirar austero parece imaginar la ruta y el destino de los peregrinos.

At the border where earth becomes sky, Zaruma, an Ecuadorian National Heritage Site, begins to stir. Its name recalls its ancient origins—zara (corn) uma (head): head of corn. Days and years weave into one another, and sometimes clash, on streets that follow the slope down the mountain. Here, memories of gold, of the fever of extraction, hang in every corner of the mind.

With its window-eyes fixed on the road, this church in Saransol observes the slow steps of each person walking by. Its austere gaze seems to imagine the pilgrim's route and destination.

En Turucu, Cotacachi, Enrique Ayala Mora, *achi tayta* (padrino) de la novia, recibe la bendición y los consejos de la madre de la *huarmikana* (novia). En la ceremonia del casamiento invocan a Pakchamama (Dios del universo) y piden protección, sabiduría y paz para los hijos. La relación con la *achi mama* (comadre) es de afecto y consecuencia; crea familia y amalgama vidas.

In the village of Turucu, near Cotacachi, the mother of the *huarmikana* (bride) gives blessings and advice to a prayerful Enrique Ayala Mora, the bride's *achi tayta* (godfather). Together, they invoke Pakchamama (the god of the universe) and pray that the newlyweds may be given protection, wisdom, and peace in this new stage of their life....

The *achi mama* (godmother and protectress) is a pillar of strength and affection who creates a sense of family and joins lives together.

Margarita Velasco y Mercedes Chico, cada una con su cultura, en universos y caminos distintos, sin embargo comadres por siempre. A su lado, Papaco, suegro de Mercedes, como presagiando los difíciles tiempos que le corresponderá enfrentar, se abstrae con su perro en los lejanos juegos aprendidos en la infancia.

Margarita Velasco and Mercedes Chico, each a product of her own culture, in different universes, yet *comadres* forever. Beside them, Papaco, father-in-law and grandfather—"grandfather" both literally and figuratively, for the entire community sees him that way—as though foreseeing the difficult times to come, absentmindedly plays with his dog games he learned in his childhood.

Apartadas del ritual de casamiento, las solteras, en Turucu, Cotacachi, festejan la irreverencia e imaginación de su propia ceremonia.

Off at a distance from the wedding, the young unmarried women irreverently and imaginatively perform their own ceremony.

Rota la cordillera de los Andes, las aguas del Pastaza se precipitan incontenibles por el Pailón del Diablo. Las paredes lisas amplifican el grito del río, mientras un manto de burbujas blancas cubre la profunda herida del macizo mineral.

Multiplicada y dividida hasta el infinito, el agua que atraviesa y cae en el Pailón del Diablo, es un aire líquido que satura y conmueve el cuerpo.

At a rupture in the ridge of the Andes, the waters of the Pastaza River rush down El Pailón del Diablo, the Devil's Tube. The smooth walls of the canyon amplify the noise of the river, while a dressing of white bubbles covers the deep wound in the mass of rocks.

Infinitely multiplied and divided, the water that falls into the Devil's Tube is liquid air, which saturates the body and fills it with emotion.

De la cordillera y su alquimia de volcanes, por las insondables quebraduras de los Andes, se va filtrando hacia los valles de la Sierra, el agua de la tierra. Las termas de Chachimbiro, en Imbabura, guardan el secreto de la vida mineral. Son el bálsamo que cura y sana los males de la edad, son una vertiente para el placer de la piel.

From the *cordillera* and its volcanic alchemy, through the unfathomable rents in the Andes, the earth's water runs down into the mountain valleys below. The hot springs at Chachimbiro, in Imbabura province, hold the secret of mineral life. They are a balm for the complaints of age, a spa that pleasures the skin.

El centro histórico de Quito, dispuesto como un gran damero, se ilumina para contrastar con el cielo encapotado de la noche. En 320 hectáreas de arquitectura colonial, una historia de arte y religión cristiana se alberga en cuarenta iglesias, capillas y monasterios. Patrimonio Cultural de la Humanidad, la Capital del Ecuador es un punto de convivencia del pasado y el presente.

The lights of Quito's historic center, which lies like a great checkerboard upon the land, contrast with the hooded sky of approaching night. On almost 800 acres of colonial architecture, forty churches, chapels, monasteries, and convents house a rich history of Christian art and religion. Designated a World Cultural Heritage Site by UNESCO in 1978, Quito is a point of confluence of the past and present.

Cerca de Quito, Maria Auxiliadora
Thur de Koos, celebra su matrimonio
con Paul Corral. Después del voto religioso que une y consagra, se instala
el ritual de lo profano.

Near Quito, María Auxiliadora Thur
de Koos, the new bride, dances with
her uncle at her wedding. After the
religious ceremony that joins her to
her bridegroom Paul Corral and con-
secrates the union, comes the secular
ritual of the dance.

Secretos y picardías solo se cuentan y se festejan con los más cómplices. La joven británica, estudiante de post grado, y las internas en la Cárcel de Mujeres de Quito lo saben.

Un inusual encuentro de pinceles en un mismo lienzo. El pintor quiteño Luigi Stornaiolo -a quien la crítica califica como la expresión profunda de la neofiguración- comparte con Rodrigo Salazar, la propuesta de "Arte a Dos Manos", una iniciativa que conjuga la solidaridad de artistas y empresarios a favor de "Operación Sonrisa".

Only with one's closest friends can one share and laugh at private jokes, confide and keep secrets, as this young Englishwoman, in Quito doing graduate work, and the inmates of the Quito Women's Prison know.

An unusual meeting of two brushes on a single canvas. Quito's Luigi Stornaiolo, recognized by critics as a leading exponent of the school of Neofiguration, joins with Rodrigo Salazar in the show titled "Arte a Dos Manos"—Art by Two Hands—an initiative that brings together artists and people from the business and professional sectors in a benefit for "Operation Smile."

Cada miércoles de Semana Santa, con La Reseña o El Arrastre de las Caudas, el medioevo de Sevilla, España, aparece en la Catedral de Quito. El Cabildo de Canónigos, presidido por el Arzobispo, realiza una solemne ceremonia en las naves de la Catedral. Es una fúnebre apoteosis de la cruz que simboliza la redención del pecado.

La fe satura la nave central de la Iglesia Mayor del Monasterio de San Francisco de Quito. Es Domingo de Ramos, el inicio de Semana Santa.

On Wednesday during every Holy Week, before Easter, La Reseña, "the Review," takes place in the Quito cathedral. This ceremony, known also as the Arrastre de las Caudas, or "the dragging of the capes," because of the long trains of the ecclesiastical capes that drag along the ground as the procession moves into the cathedral, dates back to medieval Seville. The College of Canons, led by the archbishop, files solemnly into the nave. This procession is a macabre apotheosis of the Crucifixion, and it symbolizes the redemption of humanity from its permanent legacy of sin.

Faith permeates the central nave of the basilica in the Monastery of San Francisco. It is Palm Sunday, the beginning of Holy Week.

En la procesión del Domingo de Ramos, en el Quinche, el vestido inspirado en la tradición del Evangelio, no puede ocultar la inquietud del alma joven. Detrás de la mirada adolescente está la natural curiosidad de la vida que comienza.

Concluida la misa, manos y ramos se multiplican para recibir el agua que cura, el agua bendita del domingo que marca el inicio de Semana Santa.

In the Palm Sunday procession in El Quinche, garments born out of the traditions of the Scripture cannot hide the young soul's eagerness to engage the world. Behind the adolescents' eyes, we see a natural curiosity about the life that is beginning.

After mass, hands and the traditional palm leaves and sprigs of flowers are outstretched to receive holy water on this Sunday that marks the beginning of Holy Week.

Entre lo religioso y lo profano, Cuenca en Navidad muestra el exuberante color de la fe. Por las calles de la ciudad, los "residentes" (emigrantes) vuelven a su tierra a mostrar con orgullo y derroche la bonanza de su nueva vida. Con la esperanza de volver, la gran masa de emigrantes del Ecuador sale a buscar en otras latitudes del planeta el sueño de un mejor porvenir. Angeles y centauros, leyendas y mitos se juntan; los imaginarios religiosos y paganos se amalgaman en un solo tiempo, en una sola ceremonia: el Pase del Niño.

At Christmas, Cuenca's traditions are both religious and profane, and the display is always filled with brilliant colors. Through the streets of the city, in prayers and worship, "residents" (emigrants) return to their place of birth to proudly, vividly display the bonanza they have reaped. Though always hoping to return, the great mass of Ecuadorian emigrants journey to other parts of the world in search of their dream of a better life. Angels and centaurs, legends and myths combine—religious and pagan imaginaries fuse in a single moment of time, in a single ceremony: the Passing of the Christ-Child.

En Salasaca, en el cementerio, la familia Masaquiza comparte la fiesta de Corpus Cristi. En la cosmovisión andina, la muerte es una extensión natural de la vida. Por ello, cada familia atiende las necesidades de afecto y alimento de sus muertos.

In a cemetery in Salasaca, the Masaquiza family takes part in the Feast of Corpus Christi. In the world-view of the indigenous cultures of the Andes, death is a natural extension of life. Thus, each family tends to its dead, providing them with the food and affection they require.

Cada año, durante las conmemoraciones de Semana Santa, en Saraguro, Loja, el Angel de la Anunciación desciende desde el cielo.

En Cotacachi, Imbabura, cada Viernes Santo, un mandato del tiempo se cumple en silencio: lo que la tierra entrega para la vida, hay que compartir con los que ya no están.

In Saraguro, in the province of Loja, during the Holy Week celebrations each year, the Angel of the Annunciation descends from the sky.

In Cotacachi, Imbabura, this occurs on Good Friday. A herald that has been passed down through time is met with reverent silence. What the earth yields up for life must be shared with those who are no longer with us.

Cosidos a la tierra, en las laderas de Charrón, en la zona de Chunchi, Chimborazo, los cultivos son tapices verdes.

En la misma provincia, el Kapag Urku, (cerro brillante, sobresaliente, majestuoso) o Altar, busca con sus empinadas aristas de 5.320 metros de altura, rasgar el telón del cielo.

Like strips of cloth sewn to the earth, fields resemble green quilts on the slopes of Charrón, in the region of Chunchi, in the province of Chimborazo.

Far from this natural innocence and peace, yet in the same province, the jagged peaks of "the Altar," Kapag Urku *(brilliant, outstanding, majestic mountain)*, rising some 17,500 feet into the sky, seem to be trying to rip through the fabric of the heavens.

Mirando hacia el occidente, desde el volcán Guagua Pichincha, a 4784 metros de altura, el horizonte no puede acallar el rumor de la naturaleza. Debajo del manto de nubes, la costa se extiende. La cordillera de los Andes emerge como el gran articulador de la diversidad geográfica y climática del Ecuador.

Looking westward from the Guagua Pichincha volcano, at 15,700 feet, the horizon cannot silence the murmur of nature as it dreams itself into existence. Under the cloak of clouds, the coast, imagined, continues. The Andes range is the great creator of Ecuador's geographic and climatic diversity.

Festejar cada partido del mundial de fútbol Alemania 2006, fue un ritual de afirmación para los habitantes de El Juncal. Los futbolistas del Valle del Chota, en Imbabura, le dieron tono a la piel del Ecuador; añadieron al imaginario de la Patria los nombres, la vida y la realidad de su gente.

Lo hicimos: tercer gol. Un momento sustantivo. La clasificación a octavos de final, mundial de fútbol, Alemania 2006.

Celebrating every game of the 2006 World Cup in Germany was a ritual of affirmation for the inhabitants of Juncal. The soccer players of the Chota Valley, in Imbabura province, have added another color to the colors of Ecuador. So often mestizos, they have added names, biographies, and the circumstances of their people, so neglected by history, to the homeland's legends.

We did it! Third goal! A historic moment, a fleeting moment that translates into a country's recognition throughout the world as it moves on to the round of eight in the 2006 World Cup.

Sueño mundo, sueño fútbol. El balón ofrece un posible futuro a los jóvenes de la Playita del Guasmo, en Guayaquil.

En ese balneario, más allá del aire, en el silencio líquido del mar se escucha la voz del agua.

The world's dream—the soccer dream. The soccer ball is a call to the future for the young people of Playita del Guasmo, in Guayaquil.

On this beach, beyond the air, in the liquid silence of the ocean one can hear the voice of the water.

Frente al malecón de Guayaquil, el río Guayas se aquieta. El día va cayendo y las luces se despiertan para saludar el paso del Buque Escuela Guayas. En la confluencia de dos sistemas fluviales, el Babahoyo y el Daule, la otrora ciudad "Astillero de los Mares del Sur" extiende su arquitectura de mil rostros por los esteros y manglares de su ría, el referente mayor que articula su ser.

Below the Malecón in Guayaquil, the Guayas River rests, grows calm. Night is falling, and the city's lights come on to greet the passage of the training ship *Guayas*. Guayaquil is located at the confluence of two river systems, the Babahoyo and the Daule, and it was once known as the "Mast Capital of the Southern Seas." Still today, the city opens its history and architecture of a thousand faces to the mangrove swamps and marshes of the riverside, that geographic feature that has defined its identity.

Adelantándose a su edad, en Guayaquil, la niña Nicole Marina busca sentir en labios propios el sabor del tiempo que vendrá. Mariuxi, con suaves toques, complace esa curiosidad infantil que inquieta presentes y provoca futuros.

Las horas de sueño dan otro sabor al día. El cangrejal Ochipinti, en Guayaquil, se abre en el crepúsculo para atender los paladares de la noche.

Getting a head start on the rituals of her sex, young Nicole Marina seeks to taste on her own lips the flavor of the years to come. Mariuxi, with soft strokes, satisfies that teenage curiosity that ruffles the present and provokes the future.

The hours of sleep give another sort of flavor to the day—the Ochipinti crab market in Guayaquil opens at dawn, to meet the feverish demand of the night's hunger.

Salud y política son temas que provocan largas tertulias a los de Boca en Guayaquil. Todos los días a partir del mediodía, en la esquina de las calles Boyacá y Nueve de Octubre, los jubilados se juntan. Conversar es extender los calendarios de la vida.

El clima es el humor de la geografía. En Chone, Manabí, la lluvia de invierno es parte del quehacer de la ciudad.

Health and politics are subjects that inspire long, animated conversations among the residents of Guayaquil. Every day at noon, at the corner of Boyacá and Nueve de Octubre streets, retirees gather—these conversations are a way of touching, prolonging the calendars of one's life.

The weather is one of the humors of geography. In Chone Manabí, summer rain is part of the city's daily routine.

Junto a su esposo, esperando al hijo que en tres meses nacerá, Isabel González entretiene su tiempo en los cabellos de su amigo. Mar y playa hacen de Salinas, en la Península de Santa Elena, el lugar ideal para el reposo durante cuaquier feriado.

Sitting with her husband and puppy on the beach, Isabel González, whose baby is due in three months, passes the time braiding her friend's hair. The weather and anticipation of the happy event make the wait more pleasant. Beach and sea make Salinas, on the Santa Elena Peninsula, an icon of repose for any holiday.

Un espejo de arena húmeda refleja y guarda el despreocupado paso de los caminantes. Un entramado multicolor de cuerpos cubre las playas de Olón en la Provincia del Guayas.

Dentro de una base militar, en la Chocolatera de Salinas, el mar provoca una bronca discusión con la tierra. Olas grandes y voces gruesas sobrecogen el espíritu.

A broad mirror of wet sand reflects the carefree stroll of bathers who have come to the beach for a day's rest and relaxation.

Located on a naval base near Salinas, below the cliff known as La Chocolatera (the chocolate pot), the ocean trades insults with the land. Large waves and harsh voices strike fear into the spirit.

En Montalvo, provincia de Los Ríos, la quietud y el silencio de los arrozales son una forma de oración. El arroz se va gestando, y en el sosiego natural los sembríos crecen.

In Montalvo, in the province of Los Ríos, the peacefulness and silence of the rice fields are a kind of prayer. The rice grows, and in this natural tranquility the fields thrive.

La voz de Don Marco no desmaya, inspira y alimenta. En el club gallístico Pavón, cerca de Chone, en Manabí, adrenalina y dinero fomentan el golpe seco del combate.

A sus espaldas, en la arena, el eco de alas y espuelas que lastiman se ha desvanecido. Guillermo Intriago, Don Guillo, gallero y hacendado, va sumando las ganancias que dejan sus gallos.

Don Marco's voice does not demoralize, it goads and inspires. In the Pavon cockfighting club, near Chone in Manabí, adrenaline and money join hands to applaud the sharp thrusts and parries of combat.

Behind him, in the arena, the echo of wings and wounding spurs has faded. Guillermo Intriago, "don Guillo," fighting-cock breeder and hacienda owner, absorbed in the mathematics of victory, counts the earnings his cocks have brought him.

En el Recinto San Joaquín, cerca de Baba, en Los Ríos, después de atender el ganado, la familia Maldonado comparte el desayuno.

En Montecristi, Manabí, la abuela Dominga Anchundia y su nieto Celestino Mero mantienen viva la tradición de tejer los finos sombreros de paja toquilla, conocidos como *Panama hats*, nombre que adquirió esta tradición del Ecuador, por ser Panamá el primer puerto de su comercialización al mundo.

In Recinto San Joaquín, near Baba, in the province of Los Ríos, the Maldonado family, after tending to their livestock, share breakfast.

In Montecristi, Manabí, two ages joined by warp and weft, two times in a single space. Grandmother Dominga Anchundia and her grandson Celestino Mero keep the Ecuadorian tradition of making "Panama" hats alive—the name, a reference to the place where the hats were first commercialized.

Unidos por la misma edad, en Las Peñas, Esmeraldas, los afectos jóvenes se juntan. La conversación anuda la amistad.

Joined by age, these youngsters in Las Peñas, Esmeraldas, find that their voices weave a net of friendship and affection.

La piel marimba acompaña con cadencia natural el ritmo del cununo y el guasá. La mirada de las instructoras del "Grupo de Marimba Por Nuestras Tradiciones", de Quinindé, Esmeraldas, estudia la perfección del movimiento.

El *bombo* suena y el cuerpo responde. Los golpes de tambor navegan por los ríos de Esmeraldas. Una procesión de balsas confluye en la fiesta de Canchimalero. Los ritos de canoa y palma encienden el color del agua y la piel de los creyentes. Es el festejo de San Martín, el santo negro.

Dancers move to the rhythm of the marimba, *cununo*, and *guasá* as instructors in the "Grupo de Marimba por Nuestras Tradiciones" in Quinindé, Esmeralda province, observe the perfection of their movements.

The *bombo* resounds and the body responds. Drumbeats float down the rivers of Esmeraldas. A procession of rafts parades through the Festival of San Martín, the black saint, in Canchimalero. The rituals of canoe and palm leaf enliven the color of the water and the believers' skin.

En Cojimíes, Manabí, la vida que guarda el mar seduce a los más pequeños. Las canoas han llegado y develan la pesca.

The life that the sea holds and delivers up is an early seduction to learning for the boundless young soul.

Como un péndulo que va y vuelve, los recolectores de larvas de Esmeraldas van peinando la playa de Galera. Justo en la línea de las olas, buscan la semilla viva, la materia prima para las camaroneras de la zona. De la captura y venta saldrá el día, el sustento de sus vidas.

Like a pendulum swinging back and forth, men and boys comb the surf at La Galera beach, in Esmeraldas, collecting shrimp larvae. It is just at the line where the waves break that they find the bait used by the shrimpers of the region. From the harvest and its sale will come the day's wages for the gatherers, their daily bread.

En Las Peñas, Esmeraldas, el diálogo entre la familia y los amigos es una red de vida que se teje con el tiempo. Los sentimientos extienden los hilos del afecto, las manos desenredan las artes de la mar.

In La Peñas, Esmeraldas, the dialogue of family and friends is a net of life woven from the strands of time. While conversation unrolls the threads of affection, hands weave the arts of the sea.

Frente a Salango, en Manabí, la jornada de pesca se inicia y la tripulación del *Hermosa Hermosa* se alista para la aventura. Cada mañana, en las costas del Ecuador, miles de pescadores se hacen a la mar en busca del sustento diario.

La mirada de los hermanos Pincay es la de quien conoce a profundidad el mar. Los ojos del capitán y timonel guían el camino de la pesca.

Off Salango, in Manabí province, the day's fishing begins, and the crew of the *Hermosa Hermosa* prepares for the adventure. Every morning, on the coasts of Ecuador, thousands of fishermen set out to sea in search of their livelihoods.

A guild cutting through the waters of knowledge—the gaze of the Pincay brothers. The captain's and helmsman's eyes guide the boat to the catch.

En el mar de Manabí, los flotado-
res y los pájaros describen la larga
línea que demarca el territorio de la
pesca.

In the waters off Manabí province,
denizens of the air floating above the
water mark the long line of the fishing
boat's wake.

En los acantilados de las míticas Galápagos, el Piquero Enmascarado *(Sula dactylatra)* encuentra en las rocas volcánicas de las Islas Plaza su refugio de reproducción y vida. El archipiélago de las Galápagos es un laboratorio del tiempo. Allí, la naturaleza nos revela el insondable misterio de la evolución de las especies.

Along the cliffs of the mythical Galápagos, the masked booby *(Sula dactylatra)* finds on the volcanic rocks of the Plaza Islands a refuge for life and reproduction. The Galápagos archipelago is a laboratory of time, where nature reveals the unfathomable mystery of the evolution of species.

En la Isla Santiago, el cangrejo de Galápagos *(Grapsus grapsus)*, descansa junto a sus vecinos de color piedra, las iguanas de mar.

Como rocas vivas, yuxtapuestas en los arrecifes, las iguanas marinas *(Amblyrhynchus cristatus)* de la Isla Fernandina, habitan en este universo único, declarado en 1978 por la UNESCO, Patrimonio Natural de la Humanidad.

Looking out in expectant silence on the waves, the Sally Lightfoot crab of the Galápagos *(Grapsus grapsus)*, on Isla Santiago, with its characteristic and unique bright-orange color, basks alongside its stone-colored neighbors, the marine iguanas *(Amblyrhynchus cristatus)*.

Like living rocks upon the reef, the marine iguanas of Isla Fernandina socialize in this unique universe, designated a UNESCO World Heritage Site in 1978.

En las Islas Encantadas, en un ritual de amor, los lobos marinos de la Isla Fernandina comparten caricias y secretos

Después de cumplir con el mandato de la vida, depositar sus huevos en una cuna cavada en la arena de la playa, la tortuga marina de Bachas *(Chelonia mydas)*, en la Isla Santa Cruz, regresa lentamente a su habitat natural.

In a ritual of love, sea lions on Isla Fernandina share caresses and the secrets of the Encantadas, as sailors long called the Galápagos.

After obeying the law of life, depositing its eggs in a crib dug out of the sand near Bachas, on Isla Santa Cruz, the green sea turtle *(Chelonia mydas)* slowly returns to her natural habitat.

En la Estación científica Charles Darwin, en la Isla Santa Cruz, la tortuga gigante de Galápagos *(Geochelone nigra)* deja que miradas de otras latitudes admiren la dimensión de su existencia. Cada isla del Archipiélago es un laboratorio natural, un imán para la ciencia y el turismo.

En las galapagueras, al interior de la isla, la geometría de formas y texturas de los caparazones gigantes, es un antiguo mapa de la vida.

At the Charles Darwin Research Station on Isla Santa Cruz, the giant Galápagos tortoise *(Geochelone nigra)* allows eyes from other latitudes to admire it, and to see for themselves its enormous size. Each island of the archipelago is a natural laboratory, a magnet for science and tourism.

In the tortoise breeding grounds, farther inland, a geometry of shapes and textures makes the shell of the Galápagos tortoise a veritable map of life.

En la Isla Isabela, dentro del monte Sierra Negra, las paredes del volcán Chico se levantan para mirar el horizonte. A finales del 2005, los bramidos de su última erupción despertaron y agitaron su entorno.

On Isla Isabela, inside the Sierra Negra volcano, the walls of volcanic Mount Chico rise to gaze out at the quiet horizon. In late 2005, the roar of its most recent eruption roused the area around the volcano from its sleep, and shook it.

En Concha y Perla, en la Isla Isabela, junto a los manglares, María Jesús, Mónica y Maritza, monjas Oblatas, buscan los secretos que el agua esconde.

En Puerto Baquerizo, en la Isla Santa Cruz, una jugosa sandía alivia la sed y refresca el calor.

On the boardwalk in Concha de Perla, on Isla Isabela, among the mangrove trees, Oblate nuns María Jesús, Mónica, and Maritza seek in the water the secret held by shells and pearls.

In Puerto Baquerizo, on Isla Santa Cruz, the sweet juicy watermelon that refreshes and quenches one's thirst is set out in a blaze of color.

Con el humor del agua entre sus plumas, el pelícano de Galápagos *(Pelecanus occidentalis urinator)* se adormece. El eco del mar y su cadencia es el murmullo de su piel.

Its feathers still wet from a recent dive, the Galápagos brown pelican *(Pelecanus occidentalis urinator)* tucks its head back for an afternoon siesta. The whisper of the sea, the rhythmic sound of the waves, is in its very skin.

Volar como pájaro y sentir el aire y el mar en un solo instante, es la atracción que seduce al visitante de Las Grietas, en la Isla Santa Cruz.

La Playa de los Alemanes, en esa misma isla, esconde en sus rincones los secretos de otros tiempos. Olas y manglares guardan en su memoria el paso de los primeros inmigrantes, esos espíritus que se rindieron al asombro de las Encantadas.

To fly like a bird and experience air and sea in a single moment is the attraction that draws visitors to Las Grietas, on Isla Santa Cruz.

Quiet places along Alemanes beach, on the same island, hide the secrets of other times. Waves and mangrove swamps hold the memory of the islands' first arrivals—those spirits who were enchanted by the wonders of Las Encantadas.

Mas allá de la vida, los sueños y las historias de amor perviven. En una fibra, cruzando el mar entre las Islas Santa Cruz e Isabela, Carlos Alberto Fichamba, ciudadano de la comuna de Ilumán, Imbabura, acoge a su compañera, la suiza Maria Teresa Soubise.

Love stories and dreams of love survive even life itself. Crossing the sea between Isla Santa Cruz and Isla Isabela, Carlos Alberto Fichamba, of the village of Ilumán, in Imbabura province, engages in a ritual of hearts with his companion, María Teresa Soubise of Switzerland.

A mis hijos Amaranta y Miguel.
A mis hermanos María y Pablo.
En memoria de mis padres
Julio y Eulalia.

ISBN: 9978-45-504-3
ISBN: 978-9978-45-504-3

AGRADECIMIENTOS/ACKNOWLEDGEMENTS
Patricio Tipán Lucero
Pocho Alvarez
María Daniela De La Torre
Andrew Hurley
Esteban Michelena
Nacho Quintana
Gustavo Moya
Francisco Valdivieso
Andrés Valdivieso
Byron Morejón Almeida
Carolina Hidalgo
Linda Asanki
Alejandro Santillán
Fausto Corral
Carlos Monge
Termas de Chachimbiro
Simón Espinosa Jalil
Comunidad Kichwa de Sarayacu
Comuna de Piñán
Valerio Mendua y familia

Comuna Cofán Dureno
Carlos Mendieta
Zoocriadero de Fátima, Puyo
Doris Ankuash y familia
Jorge Santoro
Alberto Andrango y familia
Comunidades de Cotacachi
Joselo Calderón
José Masaquiza y familia
Comunidad de Totorillas
Hacienda Río Blanco
Garciano Ortega y sobrinos
Habitantes de El Juncal
Cangrejal Ochipinti
Fernando Mieles
Grupo Boca 9
Club Gallístico Pavón
Familia Maldonado
Familia Mero Anchundia
Grupo de Marimba Por Nuestras Tradiciones
Hermanos Pincay

PUBLICADO POR/PUBLISHED BY
www.harmoniaterra.com

EDITOR FOTOGRÁFICO/PHOTO EDITOR
Pablo Corral Vega
www.pablocorralvega.com

PRÓLOGO/PROLOGUE
Esteban Michelena

TEXTOS/TEXT
Pocho Alvarez

TRADUCCIÓN/TRANSLATION
Andrew Hurley

DISEÑO/DESIGN
Nacho Quintana

IMPRESO EN QUITO POR/PRINTED IN QUITO BY
www.imprentamariscal.com

SEPARACIONES DE COLOR/COLOR SEPARATIONS
Gustavo Moya

PREPRENSA/PREPRESS
Jaime Mosquera

DISTRIBUIDO POR/DISTRIBUTED BY
María Eulalia Corral Vega
Daniela De La Torre
dani_delatorre83@yahoo.com
+ (5932) 2521073